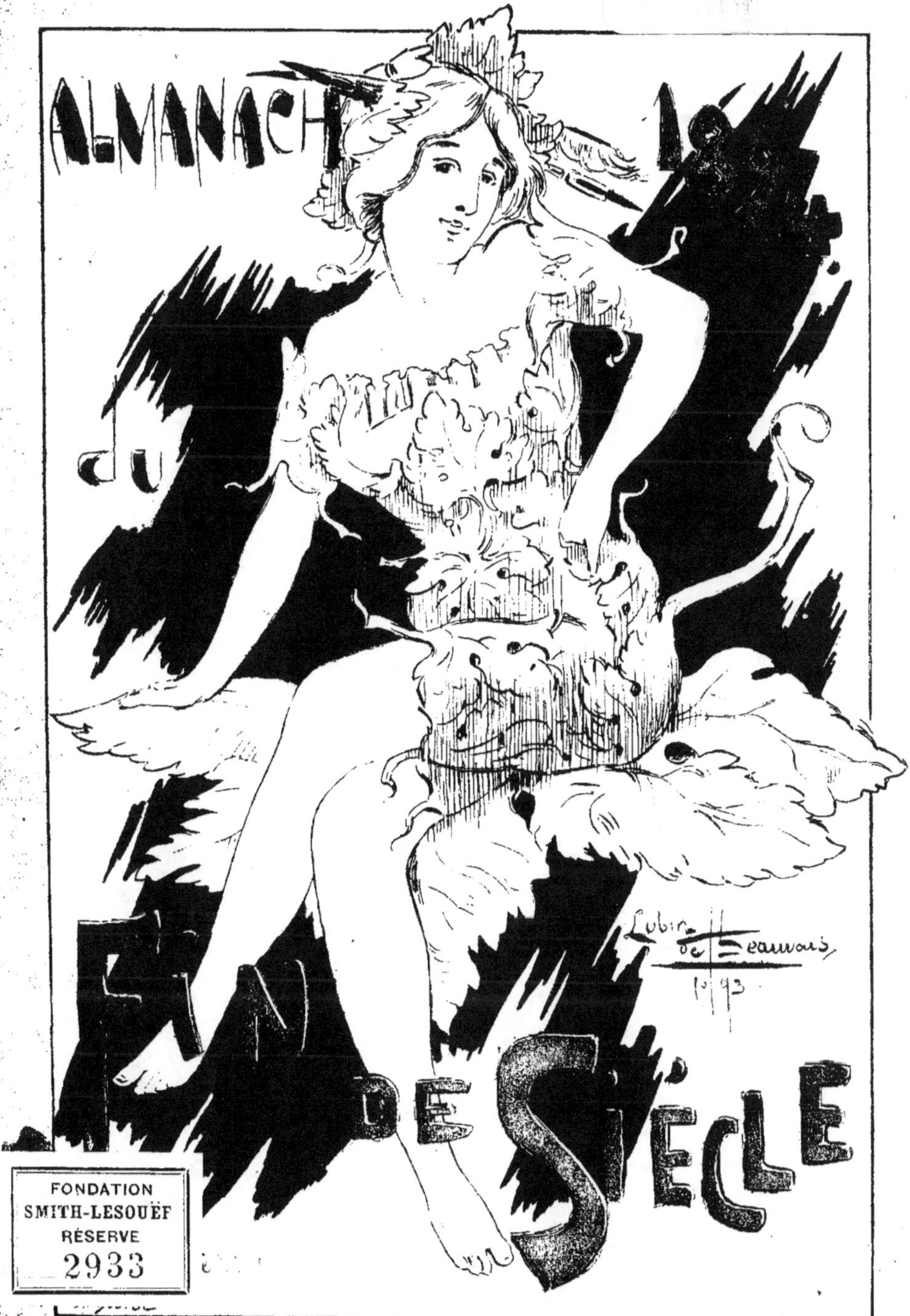
ALMANACH
du
FIN DE SIÈCLE
Lubin de Beauvais
1893

Prix : 60 centimes

Bonne Année!...

1894
ALMANACH

DE

" Fin de Siècle "

GRAND JOURNAL LITTÉRAIRE ILLUSTRÉ

Paraissant le Jeudi et le Dimanche

PARIS. — 59, RUE DE PROVENCE, 59. — PARIS

Rédacteur en Chef-Directeur : VICTOR JOZE

Secrétaire de la Rédaction : VICTORIEN du SAUSSAY

Contes, Nouvelles, Fantaisies, Chroniques de :

Alphonse Allais, Paul Arène, Marc Anfossi, Marcel Baillot, Paul Bonnetain, Paul Bourget, A. Boutique, Alcanter de Brahm, Brandimbourg, Georges Brégand, Aristide Bruant, Félicien Champsaur, Charles Chincholle, Cim, Courteline, Alphonse Daudet, Léon Deschamps, Edouard Dujardin, Léon Durocher, d'Esparbès, Georges Gillet, Clovis Hugues, Georges Labroue, Dubut de Laforest, Fernand Lafargue, Edmond Lepelletier, Camille Lemonnier, Léon Maillard, Maizeroy, Gabriel Martin, Catulle Mendès, Méténier, Richard O'Monroy, Octave Pradels, Marcel Prévost, Rachilde, Louis Richard, Jean Reibrach, Jules Ricard, Richepin, Rollinat, Aurélien Scholl, Armand Silvestre, Verlaine, Xanrof, Emile Zola, etc., etc...

Chroniques de Victor Joze et de l'Aïeule.

Echos du DIABLE ROSE, — *Actualités*, — *Politique*, — *Théâtres et Concerts*, — *Finance*.

Grande revue du Cyclisme et Correspondances vélocipédiques.

Dessins d'Abeillé, Balluriau, Belon, Capy, Falco, Lubin de Beauvais, Luc Leguey, Nauert, etc., etc.

ABONNEMENTS : Un an, Paris et Départements, 10 fr.
Etranger, 15 fr. — Six mois, la moitié.

Un Numéro : 10 centimes.

LES PETITES ANNONCES

DU

FIN DE SIÈCLE

La nouvelle Administration du *Fin de Siècle* prenant possession d'un journal qu'elle trouve répandu dans toute la France et dans un grand nombre de villes étrangères, avec plus de 100,000 lecteurs, croit devoir à l'immense clientèle du journal de répandre et de faciliter l'usage des PETITES ANNONCES.

Les PETITES ANNONCES, n'est-ce pas la publicité sous la forme la plus commode, la plus directe, la plus efficace? L'Administration du *Fin de Siècle* veut que ses PETITES ANNONCES deviennent le centre où tous ses lecteurs puissent trouver toutes les informations dont ils peuvent avoir besoin.

Le *Fin de Siècle* a pris depuis quelque temps déjà une place des plus importantes parmi les grands journaux parisiens. C'est un journal essentiellement mondain. Donc, c'est par une clientèle mondaine que nos petites annonces seront lues et relues, notre journal étant de ceux qu'on garde, grâce à ses dessins dus au crayon de nos dessinateurs les plus talentueux.

Les PETITES ANNONCES du *Fin de Siècle* sont disposées par groupes, d'une lecture aisée ; enfin, leur prix abordable les met à la portée de tous.

Nous offrons au public les

Petites Annonces du « Fin de Siècle »

AU PRIX DE **2** FRANCS LA LIGNE

LA LIGNE COMPORTANT 36 LETTRES

Pour 10 insertions en dix semaines, il sera fait une remise de 15 0/0.
Pour 20 insertions en vingt semaines, il sera fait une remise de 25 0/0.

Les PETITES ANNONCES sont reçues au bureau du Journal ; elles peuvent être envoyées par lettres, avec mandats ou timbres-poste, à l'administrateur du Journal.

LA LIGNE DE 36 LETTRES......... 2 FRANCS.

(Dans les envois par la poste, prière de compter exactement ses lettres ; l'administration étant forcée de raccourcir elle-même les annonces trop longues.)

Le bureau du *Fin de Siècle* reçoit les réponses aux demandes des Petites Annonces comme la poste restante.

Les principales rubriques de nos PETITES ANNONCES sont : *Plaisirs parisiens ; Correspondance personnelle : Sport vélocipédique : Chevaux et voitures : Maisons recommandées, Modes, Hôtels et Restaurants, Librairie, Ventes et Location.*

OFFRES ET DEMANDES DE TOUTES SORTES

La Ligne de 36 Lettres . . . . 2 Francs.

SOMMAIRE

DE

L'Almanach du " Fin de Siècle "

CALENDRIER

DES

Saisons Amoureuses

JANVIER
FEVRIER
MARS
s Antonine.
s Simplice.
s Martin
s Casimir
s Adrien.
s Colette
s Th. d'Aq.
ste Veronique.
ste Françoise
ste Dorothée
s Firmin.
s Pol. évêque.
ste Euphrasie.
ste Mathilde
s Zacharie.
s Cyriaque.
ste Gertrude.
s Alexandre.
s Joseph.
s Joachim.
s Benoît.
ste Léa
s Victorien
s Gabriel
PAQUES.
s Emmanuel.
ste Lydie.
s Gontran.
s Eustase.
s Pasteur.
s Benjamin.

L'HIVER

L'HIVER

Oh ! qu'en hiver il fait bon s'aimer ! Deux, dans un grand lit tiède, très unis de peur du froid... Les haleines se confondent, les jambes se mêlent, les bras enlacent les corps, les bouches ne font qu'une rose, et tout bas on se dit des paroles qui font vibrer les nerfs tendus.

D'abord Janvier, mois des étrennes, mois du baiser matinal dans lequel passent des souhaits de bonheur. C'est le tout petit jour et pourtant on s'éveille pour bien s'aimer au début de l'an. Les craquements du nid accompagnent les hoquets de joie et le tout monte dans le gris du ciel.

Ah ! quelles sont douces les étrennes de l'amour ! Qu'il fait bon communier à deux ! Boire le sang de l'aimé dans l'horreur délicieuse d'un baiser brutal qui fait saigner les lèvres peut-être, mais aussi ferme les yeux afin qu'on en ressente bien toute l'ivresse.

C'est la saison des frimas d'argent. Les arbres sont ornés de fleurs tombées du ciel, les lacs sont des miroirs où glissent des femmes, légères et vives comme des hirondelles. Au milieu d'elles Amour grelotte et pourtant son arc se bande, sa flèche part... Amour ne meurt point l'hiver. Les belles le cachent douil-lettement entre leurs nichons bien chauds. Oh ! dormir sur cet oreiller de neige parfumée ! Dormir après avoir aimé sur les seins d'une belle ! C'est bon.

Février, Mars, mois du Carnaval, mois de la Mi-Carême, mois des bals où l'on aime se moquer de tous, de toutes, de tout.

On fait l'amour devant des milliers de spectateurs, et, au monde entier, des clameurs de jouissance s'envolent comme des hordes compactes d'oiseaux.

C'est le règne du masque, et, sous lui, les êtres montrent ce qu'ils sont.

Le champagne coule et chante : Arlequin vide des flacons d'or dans la coupe de Colombine, et Pierrot se grise aux glousglous charmeurs. Les seins regardent aux fenêtres ouvertes des corsa-ges indiscrets ; le maillot plaque les cuisses de rose, et de la cohue animale montent des relents de rut et des senteurs de chairs.

L'être qui se couche au matin et s'endort rêve d'océans infinis, et il nage avec des compagnes blondes vers les bords fleuris où sous des bosquets on sacrifie à Éros.

AVRIL
MAI
JUIN
LE PRINTEMPS

LE PRINTEMPS

Les fleurs des champs, les fleurs des vierges et de celles qui ne le sont plus, les coquillages au bord de la mer s'ouvrent au printemps. Quand l'herbe et les feuilles poussent tout pousse dans la nature.

Ainsi le veut un évangile de Saint-Jean.

Suivant les très sacrés conseils de ce vieux livre, les amoureux se dispersent dans les fourrés les plus épais, et sur un tapis de mousse parlent d'avenir dans la langue des baisers.

Aussi, c'est le temps du rire, c'est le temps de la joie. Avril, Mai, Juin! premier avril! mois des violettes, mois des poëtes: tous fait pour s'aimer sous l'ombre des branches.

Ceux qui croyaient depuis de longues semaines être affligés d'impuissance sentent tout à coup des titillements bousculer le froid de leur chair. Une forte chaleur les envahit et ils se disent: couchons les petits et nous... verrons.

Plus loin, dans la barque fragile, sur le fleuve bleu, ils côtoient la rive semée d'arbrisseaux et de saules verdoyants. Elle a ouvert son ombrelle pour cacher sa nuque blanche au gros œil du soleil. — Il est si polisson le soleil de mai quand il vous passe des langues brûlantes dans le cou! — Lui, la regarde et chante une vieille romance d'amour, une de ces vieilles chansons que composaient nos ancêtres après avoir bu de longs coups de vins généreux. Et dans les herbes, les grenouilles ouvrent de grands yeux pour bien voir: car elles iront après « au fond de leurs grottes profondes » imiter les amoureux du bateau.

Mai, Juin, mois des sports, mois radieux. C'est Chantilly, Auteuil, Longchamps. Les *books* font fortune et les ambitieux claquent. Des colombes dorées se vendent pour des *tuyaux*. C'est le libre-échange dans sa plus large signification. Aussi, dans cette saison si belle, les cocus abondent. Il y en a chaque année de nouveaux en nombre considérable. Et je voudrais, pour emblème, pour armes et pour drapeau, que le bœuf symbolique ait des bois immenses comme ceux de l'élan, le plus cocu des animaux de la création.

En hiver, on met des feuilles de vigne aux statues, de peur que... *cela* ait froid, on les ôte au *printemps*... Voilà!

JUILLET
1 D s Éléonore
2 L Visit. N.-D.
3 M s Anatole.
4 M s Berthe.
5 J s Zoé, m.
6 V s Lucie
7 S s Adelphine.
8 D s Virginie.
9 L s Blanche.
10 M s Félicité.
11 M Tr. s Benoit.
12 J s Gualbert
13 V s Eugène
14 S FÊTE NATIONALE
15 D s Henri.
16 L s Estelle
17 M s Alexis.
18 M s Frédéric.
19 J s Vinc. de P.
20 V s Marguerite.
21 S s Victor.
22 D s Madeleine.
23 L s Apollinaire.
24 M s Christ. j.
25 M s Christophe.
26 J s Anne
27 V s Nathalie.
28 S s Samson.
29 D s Marthe.
30 L s Ignace
31 M s Ger. l'Aux.

AOUT
1 M s Sophie
2 J s Étienne
3 V s Étienne.
4 S s Dom.
5 D s Félix
6 L T. N. S.
7 M s Sixte
8 M s Justе
9 J s Vianne
10 V s Philomène
11 S s Suzanne
12 D s Claire
13 L s Rose
14 M s Eusèb.
15 M ASSOMPTION
16 J s Roch
17 V s Alexis.
18 S s Hélène
19 D s Louis-Ev.
20 L s Bernard.
21 M s Privat
22 M s Symph.
23 J s Jeanne
24 V s Barthélemy
25 S s Louis
26 D s Zéphirin
27 L s Césaire
28 M s Augustin.
29 M D. s J.-Bap
30 J s Gaud
31 V s Florentine

SEPTEMBRE
1 s Leu - Gilles
2 s Antonin
3 s Grégoire
4 s Rosalie
5 s Bertin
6 s Bega
7 s Cloud
8 Nativ. de la V
9 s Omer
10 s Pulchérie
11 s Hyacinthe
12 s Maxime
13 s Maurille
14 Exalt. S. Cr.
15 s Nicomède
16 s Cyprien
17 s Lambert
18 s Jean-Chrys.
19 s Janvier
20 s Eustache
21 s Mathieu
22 s Maurice
23 s Lin
24 s Andoche
25 s Firmin
26 s Cyprien
27 s Côme-D.
28 s Venceslas
29 s Michel
30 s Jérôme

L'ÉTÉ

L'ÉTÉ

Oh! le soleil. Oh! l'ombre.

Les vacances, la moisson, les bains de mer, la pêche à la ligne....!

En été le nombre des maris trompés double et si quelque patient statisticien voulait en faire le compte approximatif en notre beau pays de France, il en trouverait des millions.

Voyez cette meule de paille d'or; à son ombre la fermière s'est étendue et près d'elle Jean, le charretier de la ferme. Ses beaux seins blancs sortent de son corsage et Jean les regarde avec envie...

C'est l'ère des sacrilèges et des abominations !

Tout le monde est en vacances; le grand collégien de rhétorique fait de la philosophie amoureuse avec toutes ses cousines. Il leur récite des vers charmants où l'emphase sert de séduction. Le calicot danse avec sa patronne, le patron avec la première du rayon. C'est dimanche, le préfet a quitté préfète et préfecture pour courir le guilledou à travers les prairies avec sa petite cocodette chérie. L'homme des champs a fêté la « grosse gerbe », il se repose en faisant des caresses à la servante.

Et pendant ce temps les grillons, échauffés par le soleil, font l'amour sous les feuilles mortes ou la mousse blonde.

Il n'y a rien de si jaloux qu'un grillon, c'est indiscret comme un chat et plus gourmand encore. Il monte sous les jupes des belles endormies, escalade monts et vaux, met son nez à toutes les fenêtres et contemple, béat, les trésors de l'humanité.

Mais plus loin, dans un décor grandiose, sur le bord de la mer grande, sur les plages qui chantent sous le soleil, les étoiles de mondes s'assemblent. A demi-nues, presque nues, sans voiles qu'une transparence de soie, elles plongent dans les eaux profondes, et sous le vert du flot, leur roseur apparaît, et on les compare à ces déesses marines, nées sous les algues et les coraux, montées de l'Océan pour séduire les hommes.

Leurs longs cheveux pendent sur leurs épaules, et chacun d'eux a sa perle liquide, étincelante comme un pur diamant.

Vicieuses et troublantes, elles font la niche aux matelots et ceux-ci la leur rendent quand ils s'en vont loin du bord, derrière les vagues : les belles achètent le retour au prix de fous baisers sur le cuir dur des loups marins.

L'été, c'est la saison des idylles qui finissent bien.

OCTOBRE
NOVEMBRE
DÉCEMBRE
L'AUTOMNE

L'AUTOMNE

Les grives se grisent de raisins vermeils, et dans leurs nids, sur leur vol titubant, elles s'en vont par deux dormir et s'aimer.

Lorsque les vendanges sont mûres, et que dans les celliers le vin nouveau écume, les filles et les gars dansent la farandole, et par les chemins courent avec des chansons. Après avoir cueilli les grappes enivrantes, fatigués du labeur, ils se couchent sur les feuilles blondes et cherchent des fruits sous les corsages. En octobre, la dernière chaleur nous vient du ciel, il faut un autre brasier pour réchauffer le sang. C'est encore vers le brasier de l'amour qu'on tend les mains.

Mais quand novembre est revenu, quand la nuit est froide et les jours brumeux, les citadins rentrent dans les villes. Amour quitte les champs, parce que toutes les fleurs sont mortes, et, dans un boudoir parfumé d'ivresses, vient reposer ses ailes et son arc.

Une langueur, délicieuse de nonchaloir, endort les sens fatigués; on est heureux de goûter un repos mérité et de se souvenir.

Tout à coup décembre arrive avec ses neiges blanches...

L'automne se meurt, l'automne est mort ! On a froid parce qu'on est seule. Les nerfs demandent de nouvelles fatigues et les gorges des femmes font entendre des appels légers comme des plaintes lointaines. Oh ! que le boudoir est vide quand la belle est seule dans la pénombre...

Et l'amant revient, chargé de nouvelles ardeurs, fort comme un jeune chêne, capable de résister et de vibrer harmonieusement sous la tempête.

Oh ! que le boudoir est rempli maintenant qu'ils sont deux !

Puis vient Noël ! Noël ! Noël ! anniversaire d'amour. Les cloches sonnent dans la nuit, et point la vie ne meurt. La neige tournoie dans le gris du ciel, et couvre les arbres d'un manteau de duvet. Un flocon vient tomber sur les lèvres de l'amante et vite il se fond sous un baiser !

Oh ! que les baisers sont humides et bons, quand ils sont fraîchis par la caresse d'une fleur de neige.

L'année agonise dans un éclat de rire, c'est le chant du cygne, chant joyeux, chant du chahut, chant des désirs. On prépare les étrennes à la belle, on rêve de beautés irréelles, et lorsqu'on s'endort on pense aux sourires du lendemain, et les lèvres se préparent à recevoir le baiser du Maître, la première et la meilleure des étrennes.

L'Aïeule.

LA DESCENTE DES MUSES (conte païen), par Paul Balluriau.

THÉATRES

Un Beau-Père Érotique.

Le lendemain de son mariage, Anatole Leclerc partit pour son bureau, comme d'habitude, à huit heures du matin. Il travaillait dans une maison de commission, faubourg Poissonnière, et c'est avec peine qu'il avait réussi à avoir un jour de congé à l'occasion de son mariage. A sa demande qu'on le relâchât pour deux jours, le chef de bureau lui avait répondu, en levant les mains avec emphase : « Mais vous êtes fou, mon ami. Deux jours de congé, y pensez-vous ! Mais voyons, vous ne voulez pourtant pas passer votre lune de miel sous le ciel d'Italie. » Et Leclerc n'avait eu qu'à s'incliner.

Avant de partir, le jeune marié embrassa sa femme, qui se trouvait encore au lit. Et il sortit d'un pas pressé pour ne pas être en retard.

✻ ✻ ✻

Le logement de Leclerc se composait d'une chambre à coucher, d'une petite antichambre et d'une cuisine.

Joséphine n'avait pas voulu que son mari prît une bonne, ni même une femme de ménage ; elle savait faire la cuisine, elle s'en tirerait toute seule.

Après le départ d'Anatole, la jeune femme se rendormit. A vrai dire, la nuit de noce ne l'avait pas trop fatiguée ; ce pauvre Anatole n'était pas bien robuste !..... Elle en avait vu des gens autrement forts, dans sa vie orageuse de demoiselle de magasin... Pourtant, elle se sentait une envie de dormir. Sa nouvelle situation, la situation de femme mariée, lui donnait sommeil.....

A peine s'était-elle assoupie qu'on sonna à la porte. « Qui est-ce qui peut bien venir à cette heure ? » se demanda Joséphine. Elle n'était pas décidée sur ce qu'il lui fallait faire : s'habiller et ouvrir la porte, ou bien rester tranquillement dans son lit. Tout à coup, elle entendit qu'on mettait la clef à la serrure et que l'on ouvrait la porte. En même temps, elle aperçut le père d'Anatole, Léon Leclere, un vieux beau de soixante ans, employé au ministère de la Guerre.

— Bonjour, Phiphine !

— Bonjour, comment ça se fait-il que vous veniez à cette heure ? dit Joséphine en se pelotonnant dans ses draps.

Le beau-père rigolait.

— Me voilà papa d'une petite femme bien gentille, disait-il. Je suis venu vous faire visite, c'est simple. Et bien ! ça s'est-il bien passé cette nuit ?

— Merci, pas mal, répondit Joséphine en riant.

Le vieux s'approcha du lit. Il prit la main de sa belle-fille et l'embrassa. Puis, il chercha une chaise, il s'assit tout près du lit, il causa. Il était vraiment rigolo ce vieux, beaucoup plus rigolo que son fils. Ainsi pensait Joséphine, tout en écoutant les anecdotes gauloises pleines de sous-entendus que lui racontait son beau-père et qui la faisaient rire aux éclats. Il s'y agissait de jeunes femmes restées pucelles malgré le mariage, de maris cocus, de saint Antoine et de son cochon, de saint Joseph et de madame Putiphar.

Puis comme involontairement, le vieux Leclere changea de place, et il s'assit sur le lit. Il parlait toujours, faisant des gestes comiques, fermant les yeux et les ouvrant tout d'un coup, montrant le bout de sa langue.

Et, de plus en plus, Joséphine trouvait son beau-père tout drôle. Mais, en même temps, — était-ce l'effet de la voix grasse du bonhomme ? — elle se sentait reprise de l'état de somnolence de tout à l'heure. Encore quelques minutes, encore quelques efforts tendant à soulever ses paupières engourdies, et ça y était; elle dormait d'un sommeil profond..... elle ronflait.

Elle eut un beau rêve. Elle se trouvait dans les bras d'un jeune prince tout puissant. Il l'aima comme personne ne l'avait aimée jusqu'alors. Il lui fit goûter des plaisirs qui valaient plus que tous les trésors de la terre. Et, reconnaissante, Joséphine chuchotait de douces paroles à son amant royal ; elle disait : « Ah ! que c'est bon, que c'est bon ! »

Mais voilà qu'elle se réveille brusquement ; elle regarde autour d'elle, et au lieu de son prince, elle aperçoit la tête de son vieux beau-père. Et, pouffant de rire, elle s'écrie :

— Ah ! ben vrai !.....

Victor JOZE.

LE TERME

Le propriétaire. — Chère madame, y aurait-il de l'indiscrétion ?...
— On n'est jamais trop indiscret avec moi.

La Fin de M. Veaumarengo

Veaumarengo descendait en ligne indirecte des célèbres ducs Troufignon du Croupiondroit, écrivains décadents de haute lignée, blasonnée de gueule cassée sur fond de bronze doré, avec, comme devise : *La littérature sera mabouliste ou ne sera.*

Je n'insiste pas, écrivant toujours pour des lecteurs doués d'une intelligence plus que remarquable. Tous connaissent, en effet, le fameux Passage de la Mer Rouge, où s'illustrèrent les premiers Troufignon du Croupiondroit qui, par une volonté capable de faire se cacher les monts Himalaya derrière un haricot de Soissons, firent reculer les flots épouvantés (1).

Grâce à une découverte beaucoup plus récente que d'illustres savants baptisèrent *atavisme*, M. Veaumarengo hérita d'une persévérance inconnue des Hottentots. Ces jours derniers ne devait-il pas nous en donner une dernière preuve et plonger les familles des Veaumarengo et des Troufignon du Croupiondroit dans le fleuve des désolations.

Ayant vu, placardé sur la porte d'une maison particulière :

CHAMBRE MEUBLÉE
Trois fenêtres, cinq cheminées
A LOUER
Cent Francs par An

Présentement :

il entra.

---

(1) L'histoire ne parle pas des Troufignon du Croupiondroit, ce qui est une lacune bien regrettable, vous l'avouerez.

La concierge était assoupie. Une roupie veloutée se tenait, par un prodige d'équilibre, à l'extrémité de ses fosses nasales. Veaumarengo toussa, la concierge leva la tête et la roupie tomba sur la queue d'un angora qu'elle plaqua d'une goutte d'ambre.

— Monsieur désire ?

— La chambre meublée.

— Cent francs, monsieur... Au fond de la cour. Je vais vous y conduire.

C'était une pièce mesurant vingt mètres carrés, chaque mur était éventré par une cheminée basse ; au milieu, un calorifère consommant en moyenne de trente à quarante francs de charbon par jour.

— Les locataires ont nommé cette chambre la galerie des machines, dit la concierge.

— Mais pourquoi ces cheminées, ce poêle ?...

— C'est pour se chauffer.

— Je vous crois. Il faut être poitrinaire pour faire fonctionner cette fonderie.

— Oh!... mon brave monsieur, n'ayez pas peur, vous le serez avant un mois.

— Merci !

— Ecoutez. Vous avez une tête qui me botte, je vais tout vous dire : Derrière les deux murs, là, en face, se trouve un dépôt de glace. Vous pouvez allumer jour et nuit, c'est comme si vous chantiez :

> Oh ! la pau, la pau, la pauvre fille !
> Elle a cassé sa bibi...

Veaumarengo l'interrompit.

— Je connais la chanson.

— C'est chouette alors ! vous me l'apprendrez, je n'ai que le refrain... Savez-vous l'hymne russe ?

— Nous recauserons de cela plus tard... Je loue cette chambre.

— Ne faites pas ça, monsieur, ne faites pas ça, vous serez plein de « rhumatistes » dans huit jours.

— Je loue cette chambre... Il suffira, tout simplement, de réchauffer les murs. Je m'en charge. Voici huit francs trente-cinq centimes pour le premier mois. Gardez les deux centimes en trop comme pourboire...

— Que monsieur est bon !

— Je vous en donnerai autant tous les mois.

— Et vous m'apprendrez l'hymne russe ?...

— Oui.

Resté seul, Veaumarengo se couche, s'aplatit contre le mur et, soudain, recule. Un trou, par lequel un cachalot aurait passé sans difficulté, exhale un souffle glacial, insoutenable.

— Bah ! Je peux le boucher avec ma fesse. Il ne sera pas dit que ces pierres abuseront de leur force d'inertie.

Sitôt dit, sitôt fait. La fesse de Veaumarengo s'encadre admirablement; son propriétaire a des tremblements, par saccades et bientôt claque des dents. Le froid l'envahit, ses membres se raidissent ; à peine peut-il encore bégayer : « Trou... Troufignon du Croupi...: pi... on... droit, tu seras... ras... con... content de moi, je réchau... fe, je fe... rai... ce... ce mur ».

Seule, sa main droite conserve encore un semblant de chaleur; courageusement, il la plaque sur le mur. . . . .

. . . .

Le lendemain, la concierge patriote, en venant demander à Veaumarengo si l'hymne russe se chantait en auvergnat, trouva son locataire mort, gelé, parfaitement conservé.

Avec de la persévérance on arrive à tout.

Georges BRANDIMBOURG.

À L'EAU, par Paul Balluriau

TABAC

CONTE FIN DE SIÈCLE

AIMÉ DEUX FOIS

JOIE DE L'AME

FER BRAVAIS

LE SALON DU CHAMP-DE-MARS

LA DANSE

I

Il est un' dans', plaisir bien bon,
Zig zon zon zon la faridondaine.
Utile à la r'population.
Zig zon zaine la faridondon.

II

Les villageois, gens sans façon,
Zig zon zon zon la faridondaine.
La dans'nt simplement su'l'gazon.
Zig zon zaine la faridondon.

III

Par coupl's ils vont à l'unisson,
Zig zon zon zon la faridondaine.
Rouler dans le premier buisson.
Zig zon zaine la faridondon.

IV

C'est rien, vite on tap' son jupon,
Zig zon zon zon la faridondaine.
Ça finit chez l'mair' du canton.
Zig zon zaine la faridondon.

V

Tandis qu'dans l'mond', c'est d'meilleur ton,
Zig zon zon zon la faridondaine.
On n'dans' que dans un p'tit salon.
Zig zon zaine la faridondon.

VI

Des dans's savant's, le... cotillon,
Zig zon zon zon la faridondaine.
C'est bien meilleur et ça sent bon.
Zig zon zaine la faridondon.

VII

Chacun n'dans' pas d'la mèm' façon,
Zig zon zon zon la faridondaine.
C'est pas toujours la mêm' chanson.
Zig zon zaine la faridondon.

VIII

Y en a qu'ont de vifs diapasons,
Zig zon zon zon la faridondaine.
D'autr' on dirait d'vieux canassons.
Zig zon zaine la faridondon.

IX

D'autr's on dirait qu'y flanqu'nt des gnons,
Zig zon zon zon la faridondaine.
Ils vous s'cou'nt comme des paillassons.
Zig zon zaine la faridondon.

X

D'autres, c'est plus doux et plus long.
Zig zon zon zon la faridondaine.
Font d'abord le tour du salon.
Zig zon zaine la faridondon.

XI

Mais que l'mouv'ment soit lent ou prompt,
Zig zon zon zon la faridondaine.
Le plaisir d'danser est bien bon.
Zig zon zaine la faridondon.

A LA BRASSERIE

— C'est l'patron qui s'rait embêté si on nous supprimait, obligé qu'il serait de donner des consommations convenables.

Un Mariage Rompu

— Certes, dit Raoul de Pomplabien, il est aisé de prouver qu'en maintes circonstances les maîtresses sont des obstacles qu'on place soi-même sur le chemin de la vie ; mais je crois aussi que souvent elles nous évitent de jolies culbutes.

— Te voilà bien sur ton terrain, clama Pierre l'Encorné, les maîtresses, les maîtresses... ton dada ! Tu les enfourches, et ioup, là ! là ! pour le pays des joies perpétuelles. Les maîtresses, le collage sont les causes de tous les ennuis aussi bien pour les vieux que pour les jeunes. Eh ! mon cher, nos parents ont vécu avant nous ; ils ne redoutent nullement les amourettes, ils en sont même fiers, mais ils craignent toujours cette espèce de mariage à la rencontre qui dure parfois plusieurs années.

— A propos de mariage, laissez-moi donc vous conter une histoire qui n'est pas bien vieille, deux ou trois mois à peine. Puisque vous soutenez votre cause, je veux défendre la mienne. Voulez-vous ? demanda Raoul.

— Tâche d'être court et correct, dit Jules de Leuvidé, il y a des dames. — J'ai toujours peur de sa langue, quand il parle devant le sexe aux longues crinières.

— Je serai convenable, donc, puisque vous m'imposez cette corvée. Vous n'ignorez pas qu'au mois de septembre dernier je fus fiancé et presque époux de mademoiselle Maria de Blaircourt, cette grande et maigre vierge dont un larbin ne voudrait pas être l'amant dix minutes. Mon père tenait atrocement à cette... union : raisons d'intérêt naturellement. Moi, je n'y tenais pas du tout : raison de goût. J'ai horreur du mariage en général et des filles laides en particulier ; pourtant j'allais convoler. Papa le voulait, lui. Ce que j'avais envie de lui dire : Marie-toi avec, si elle te plaît...! Ma foi, je l'aurais mieux aimée pour belle-mère que pour femme, et je ne suis pas jaloux de papa.

On devait aller à l'église et de là chez le maire... non, le contraire, un vendredi. Un jeudi justement, comme par hasard, précédait ce jour néfaste, et j'avais donné rendez-vous à Madeleine pour lui faire, hélas! mes derniers adieux. Le soir, à onze heures, je quittai ma future famille ; je baisai au front ma presque femme, respectueusement, comme on baise un crapaud, et je m'ensauvai dans ma garçonnière où sans doute la pauvre Madeleine attendait.

Je fus heureux de ne l'y point trouver; j'aurais eu de la peine de l'avoir fait poser. A minuit, rien encore. A deux heures, rien non plus. Je commençais à *rouspéter* sérieusement, car ce rêve m'était venu, radieux : aimer Madeleine avant de mourir. Le mariage c'est si près de la mort.

A cinq heures je me couchai presque désespéré. Je ne pus fermer l'œil, j'étais rageur, énervé..., et cette grande dringue de Maria qui m'apparaissait comme un cauchemar épouvantable !

Le rendez-vous pour la mairie était à onze heures, j'avais commandé le perruquier pour neuf. Vous ne sauriez vous imaginer avec quelle rapidité le temps fuyait ! Je crus ma pendule folle, c'était sept heures: tout de suite après, la demie sonnait. Puis, ce fut huit heures, et les coups sur le timbre retentissaient formidables comme si le bourdon de Notre-Dame eût sonné le glas d'un trépassé.

J'étais d'une tristesse macabre. Je ne pouvais m'habituer à croire à cet accident : me marier; que dans trois heures je serais l'époux légitime d'une femme qui serait légitimement à moi, laquelle femme j'aurais lancée avec bonheur à des anthropophages affamés. Oh! mes amis, si vous saviez les heures terribles qui précèdent le mariage!

A huit heures et demie, le perruquier n'étant par encore arrivé, je me décidai à me raser moi-même pour lui faire une farce. Et puis, ça m'a toujours distrait cette opération qui consiste à se barbouiller le museau avec du savon: c'est très drôle. En me voyant tout blanc dans la glace, je pensai au voile de ma future, je devins encore plus morose et je m'abimai dans un gouffre de réflexions tristes.

Tout à coup je vis dans la glace, souriante, jolie à croquer, s'avançant doucement à petits pas, pour me surprendre... qui? Madeleine, oui, Madeleine qui venait 9 heures en retard pour le baiser d'adieu. Elle jeta ses deux mains sur mes yeux qu'elle remplit de savon, et cria : Qui est là, monsieur? Et elle riait et je tempêtais ; ce sacré savon me piquait horriblement. Alors, profitant de mon réel aveuglement, elle prit mon blaireau et me barbouilla le cou, la poitrine, le nez, les cheveux, les mains, les jambes, — j'étais en chemise de nuit, — partout enfin, j'étais tout blanc.... comme une mariée.

De désespoir je me précipitai dans mon bain..... avec ma chemise, *pro pudor*.

Quand je pus y voir, Madeleine, folle de joie, heureuse du tour joué, m'apparut si belle, si charmeuse, si le contraire de... l'autre, que je tendis vers elle mes bras ruisselants d'eau pour l'embrasser. Le barbier entra sur ces entrefaites ; Madeleine le pria de repasser le lendemain, disant que je me raserais moi-même, ou bien qu'elle me ferait la barbe, elle.

Elle me trouva une blague pour le lapin de la veille, mais elle me déclara, après réflexion, qu'elle n'était point venue par dépit, par jalousie de me voir épouser une grande sauterelle qui ne la valait pas... Même elle pleura, la pauvre mignonne ; il est vrai que les pleurs qui roulèrent sur ses joues devaient plutôt être des gouttes d'eau tombées de mes bras. Enfin, moi, je crus en des larmes. C'était plus flatteur.

Je dus quitter ma chemise pour m'essuyer, et je lui apparus dans le costume d'Adam. Une idée folle lui vint alors : « Je vais m'habiller comme Eve, dit-elle », et tout de suite elle enleva ses bottines, son chapeau et le reste. Moi, j'oubliai l'heure, le mariage, Maria du Blaircourt. Est-ce qu'on peut penser à la fois à l'amour et au mariage ?

A onze heures, ma barbe n'avait été faite qu'à coups de baisers, et je me trouvais dans mon lit tout près de mon Eve blonde. Elle était si blonde et rose dans ce doux costume ! Ses cheveux, comme un oreiller d'or liquide, encadraient sa tête merveilleusement fleurie de grands yeux bleus et de rouges lèvres. Ses seins avaient des boutons de grenade à leur pointe, et, sur leurs vallons et mamelons, de petits fleuves azurés couraient avec caprice.

Je contemplais ce trésor de femme, cette merveille d'un Dieu, sans penser un seul instant à la demie qui précède midi.

Tout à coup un bruit formidable de voix éclata dans le vestibule, gagna le salon, et une avalanche de belle-mère, beau-père, fiancée, oncles, tantes, cousins, cousines, témoins, papa, cinquante individus en habit couleur croque-mort dégringolèrent dans mon... dans notre nid.

Un immense cri retentit : « Aâââââh ! »

Il y eut des glapissements, des poings tendus, ma fiancée en robe blanche s'évanouit dans les bras de papa, ma belle-mère eut une attaque de nerfs, mon beau-père eut une congestion dont il mourut le lendemain, mon père me lança sa malédiction avec un geste tragique, les plus jeunes riaient sous cape et clignaient de l'œil vers Madeleine toujours vêtue avec ses cheveux ; enfin, après un brouhaha indescriptible, je me retrouvai seul avec ma Madeleine chérie. De gros baisers furent l'écho du bruit des pas dans l'escalier : « C'est ennuyeux, dit Madeleine, de ne pas pouvoir être tranquille chez soi ! » — « Que veux-tu, ma cocotte adorée, quand on se marie, faut s'attendre à tout ! » lui répondis-je.

Vous pensez bien que ce fut l'épilogue d'un mariage dont je me tirai sain et sauf. Grâce à qui ? Hein ! Dites donc encore que les maîtresses n'ont rien de bon !

Et content, Raoul couvrit de fous baisers Madeleine ; et tous deux furent pris d'une attaque de sentimentalisme.

Victorien du SAUSSAY.

L'ALLIANCE

— Madame, c'est un vieux, avec des favoris.....

— . . . .

— Dis donc, Suzanne, méfie-toi, le lapin russe a le poil blanc.

Quelques Pensées

Ce qu'il faudrait, c'est une république entourée d'institutions..... de jeunes filles ?...

***

Inconstance : La faute de l'autre.

***

Monsieur. — Ma chère amie, je n'aurai pas cette place, ils vont tous me passer sur le ventre...
Madame. — Tu es bien heureux, toi...

***

La femme, disait Alphonse Karr, est un animal qui s'habille, babille et se déshabille.

***

Dès qu'il a des fleurs, le vin perd de son bouquet.

***

Pensée d'Anna K.....
Je n'ai jamais refusé à mes amants de les suivre à l'hôtel.

***

A l'orchestre, c'est à ne pas y croire, —
Du haut du balcon, Dieu ! que j'en ai vus !
Des crânes polis, des billes d'ivoire :
Beaucoup de pelés et peu de velus.

***

Pour respecter une femme, ne doutez pas de ce qu'elle dit.
Pour vous respecter vous-même, n'en croyez pas un mot.

***

Le sage arrose doucement ; l'insensé tout de suite inonde.

Quelques-Uns.

LA BALLADE DES CORSETS

I

Foin des corsages pleins de vide,
Du corset flou, du corset plat
Qui, redoutant la lèvre avide,
Des assauts joyeux fuit l'éclat !
Gloire au corset que rien n'effare,
Et qui répond en se levant
Dès que résonne une fanfare !...
En avant ! corsets, en avant !

II

Foin des corsages immobiles
Plus affaissés que l'eau qui dort,
Quand sur l'eau les brises débiles
S'épuisent en un vain effort !
Comme on voit bondir vers la grève
L'onde fougueuse que le vent,
Que le vent fou gonfle et soulève,
En avant ! corsets, en avant !

III

Foin des corsages rétrogrades
Qui, narguant l'appel du tambour,
Refusent de gagner leurs grades
Sous les étandards de l'amour !
Comme de vives baïonnettes
Se dressent au soleil levant,
Pointez, pointez vos formes nettes...
En avant ! corsets, en avant !

IV

Foin du corsage qui traînarde
Lorsque sous les cieux irisés
Surgit la côte babillarde
D'une île où chantent des baisers !
C'est là-bas, sur des coussins roses,
Qu'on se délace en arrivant,
Et que l'aube effeuille des roses...
En avant ! corsets, en avant !

V

Foin du corset lâche, navire
Qui cherche en route un abri sûr,
A qui le flot semble interdire
De fendre l'espace, l'azur !
Tel un vaisseau largue la terre,
La proue en flammes, voile au vent,
Gais corsets, le cap sur Cythère !...
En avant ! corsets, en avant !

Léon DUROCHER.

FIN DE SIÈCLE
10 cmes.
le Numéro.
Journal
littéraire
illustré
FIN DE SIÈCLE PUBLIE
DES ROMANS, CONTES, CHANSONS, NOUVELLES
de MM.
Alphonse ALLAIS
Paul BONNETAIN
Aristide BRUANT
CHINCHOLLE
COURTELINE
A. DAUDET
DUBUT de LAFOREST
MAIZEROY
Catulle MENDÈS
MÉTÉNIER
Richard O'MONROY
Marcel PRÉVOST
RACHILDE
RICHEPIN
ROLLINAT
Aurélien SCHOLL
Armand SILVESTRE
XANROF
Emile ZOLA
Etc., etc.
GRANDS DESSINS DES MEILLEURS ARTISTES
PARAÎT
Tous les
JEUDIS ET DIMANCHES

ÉCHOS

L'EXEMPLE

(MORALITÉ)

Dramatis personæ :

M. LAMBREQUIN, 45 ans,
M. NICOLLET, 25 ans.

Mᵐᵉ LAMBREQUIN, 30 ans,
Mᵐᵉ NICOLLET, 22 ans.

La scène est à Paris, de nos jours.

Décor analogue à celui du troisième acte de *Rigoletto*.

Quelque stupide invraisemblance que présente cette mise en scène, nous sommes bien forcé de couper le théâtre en deux, pour montrer à droite le logement des époux Lambrequin, — à gauche celui des époux Nicollet.

Au lever du rideau, Monsieur et Madame Lambrequin sont assis devant une petite table encombrée d'outils de cordonnier. Madame est occupée à des raccommodages ; Monsieur tape éperdument sur une semelle qu'il achève de clouer. Leur chambre est éclairée par la lumière crue d'une lampe à pétrole sans abat-jour. Ameublement sommaire : un lit, un buffet en acajou, une table et quelques chaises. A droite une porte vitrée sépare la chambre de la cuisine. L'appartement des époux Lambrequin se compose de ces deux pièces. Porte d'entrée, au fond.

De l'autre côté de la cloison, Madame Nicollet, assise devant une table où sont éparpillés des morceaux de soie bizarrement taillés, est occupée à coudre ces morceaux ensemble. A côté de la table, une grande quantité de carcasses de parapluie, — manches et baleines. — Cette partie de la scène est éclairée par une lampe, également à pétrole, mais surmontée d'un abat-jour en papier rose. Mobilier à peu près identique à celui des Lambrequin. Les lits des deux ménages sont respectivement appuyés contre la cloison.

SCÈNE Ire

M. LAMBREQUIN. — Mme LAMBREQUIN. — Mme NICOLLET.

Mme LAMBREQUIN (*se levant, va frapper à la cloison ; à mi-voix*). — Hé ! Mame Nicollet !

Mme NICOLLET. — Quoi donc ?

Mme LAMBREQUIN. — I' n'est pas encore rentré ?

Mme NICOLLET. — Non... non... Mais i' va r'venir.

Mme LAMBREQUIN. — Ah ! bon ! V'nez donc un peu nous voir.

Mme NICOLLET. — Non... merci... j' l'attends.

> (*Elle interrompt son travail et sanglote bruyamment.*)

Mme LAMBREQUIN (*bas à son mari*). — Pauv' petite femme ! j' l'entends qu'alle pleure. Faut qu' ça soye un rude salaud pour abandonner une pauv' petite femme comme ça ! V'là trois jours qu'i' n' dessoûle pas !

M. LAMBREQUIN. — C'est pas not' affaire !... ça le regarde ! si ça y plaît !...

Mme LAMBREQUIN. — Est-ce que tu crois qu' ça y plaît, à elle ?

M. LAMBREQUIN. — J' dis pas ça.

Mme LAMBREQUIN. — Eh ben ! alors ?... Ah ! si jamais tu t'avisais de m' faire un tour pareil !...

M. LAMBREQUIN. — J' suis par un soûlard, moi... j' suis un travailleur.

Mme LAMBREQUIN. — N'empêche que quante tu m' dis qu' tu vas porter ton ouvrage à la fabrique...

M. LAMBREQUIN. — J'y vas... tu le sais bien.

Mme LAMBREQUIN. — Non... j'en sais rien... Mais si tu rentrais tant seulement une demi-heure en retard... j' suis une honnête femme, moi... Eh ben !... j' le f'rais cocu.

(Mme Nicollet sourit.)

M. LAMBREQUIN (*essayant de rire*). — Une demi-heure c'est pas beaucoup ! Faudrait qu' l'irais vite en besogne.

Mme LAMBREQUIN. — Une demi-heure c'est assez pour bien faire. J' te ferais cocu... j'ai qu'une parole.

M. LAMBREQUIN. — Et si, quéqu'fois, j'étais forcé d'attendre ?...

Mme LAMBREQUIN. — Attendre ? où ça ?

M. LAMBREQUIN. — Dame !... à la fabrique !... Une supposition que j' pourrais pas passer dans les premiers ?...

Mme LAMBREQUIN. — J' fais pas d' suppositions... t'es prévenu... (*Un silence.*) Faut qu'alle aye rudement d' la vertu, la p'tite d'à côté !

M. LAMBREQUIN. — Ça... oui.

Mme LAMBREQUIN. — Tu vois ben qu' t'en conviens.

M. LAMBREQUIN. — Ben sûr ! Mais j' suis pas comme lui, moi ! j' suis un travailleur... Et une supposition que j' serais en retard...

Mme LAMBREQUIN. — T'es prévenu... j'ai qu'une parole... (*Bruit confus au dehors.*) Ecoute donc, le v'là !...

(Mme Nicollet a levé la tête, elle sanglote. Une voix d'ivrogne chantonne au dehors.)

LA VOIX. — Dedans les bras de la volupté,
Dedans les bras de la volupté !

Mme LAMBREQUIN. — C'est lui. (*Elle colle son oreille à la cloison.*)

M. LAMBREQUIN. — J' parie qu'alle va y ouvrir !

Mme LAMBREQUIN. — Faudrait qu'a soye ben godiche... C'que j' le ferais coucher su' l' paillasson, si j'étais qu' d'elle.

M. Lambrequin. — Pas d' danger ! A' sait ben c'qui l'attend, la p'tite.

Mᵐᵉ Lambrequin. — De quoi ? Pourquoi qu' tu prends ton air malin pour dire ça ?

M. Lambrequin. — Dame ! quand il est bu... alle en profite.

Mᵐᵉ Lambrequin. — C' que les hommes sont cochons ! Tu crois qu' les femmes sont comme vous ?...

SCÈNE II

Les mêmes, plus M. Nicollet

(*M. Nicollet, au dehors, après avoir frappé en vain à la porte, crie à tue-tête : « Virginie ! Virginie ! » Mᵐᵉ Nicollet se lève et se décide à ouvrir.*)

M. Lambrequin. — Là ! tu vois... ça y est. .

(*Mᵐᵉ Lambrequin hausse les épaules mais écoute à la cloison.*)

Mᵐᵉ Nicollet (*à M. Nicollet qui entre en titubant*). — Tu ne pourrais pas faire un peu moins de bruit ?

M. Nicollet. — Et pourquoi qu'on ne m'ouvrait pas ? (*Faisant de grandes salutations :*) Bonjour, ma femme ! Bonjour, mon épouse ! (*Il veut l'embrasser.*) De quoi ? De quoi ? on dit pus bonjour à son p'tit chat-chat chéri ?... Virginie, tu me fais d'la peine. (*Mᵐᵉ Nicollet lève les yeux un instant et recache aussitôt sa tête dans son mouchoir.*) Non ? tu n' veux pas ? Ah ! si je le tenais l' salaud qui te fait pleurer ! (*Il prend sa femme dans ses bras.*) Tu me l' diras et j'y bourrerai la gueule d'main matin... En attendant faut s' coucher... il est près d' ménuit.

Mᵐᵉ Nicollet (*sanglotant*). — Oui, minuit passé... Pourquoi... que... tu...

M. Nicollet. — Hein ! C'est-y moi ? Oui ! c'est p't'être ben moi qui la fais pleurer... Malheur ! J' suis un cochon ! J' suis un voleur ! J' suis un assassin ! (*Fou de désespoir, il se retire dans un coin et s'arrache les cheveux.*) Ah ! oui ! j' comprends... Gredin ! Canaille ! te v'la encore soûl, parbleu ! Et tu laisses ta Virginie toute seule ! Et a pleure ! Voui ! Tu la fais pleurer c'te p'tite fa-femme, que tu ferais cent lieues avant que de rencontrer sa pareille... Tiens ! Narcisse, veux-tu que j' te dise ?... t'es un cochon ! t'es un malfaiteur ! t'es un anarchisse ! Et la guillotine alle est trop douce pour toi... T'as pu qu'à t' fout' à l'eau !

Mme Nicollet (*très émue*). — Non... Narcisse ! je t'en supplie !...

M. Nicollet. — J' vas me neyer... boire de la lance, et à la grande tasse ! J' l'ai pas volé !

Mme Nicollet (*se cramponnant à son paletot*). — Non, Narcisse... Je te pardonne !

M. Nicollet. — C'est-y vrai, qu' tu m' pardonnes encore ? Non ! c'est pas possib' ! J' le mérite pas... J' vas m' pendre.

Mme Nicollet. — Non... non !

M. Nicollet. — T' as raison... c'est trop bon pour moi... j' vas m' périr... j' sais pas comment, mais j' vas m' périr.

Mme Nicollet. — Non... Narcisse... reste là... je t'en supplie... je te pardonne !

M. Nicollet. — C'est pas possib' !

Mme Nicollet. — Mais si ! c'est vrai... je te le jure ! Reste près de moi.

Mme Lambrequin (*toujours à la cloison*). — C' qu'alle est bête ! Alle serait pourtant bien débarrassée si i' s' périssait une bonne fois !

M. Nicollet. — Alors tu veux pas que j' me succombe ? Eh ben ! c'est pour toi, c' que j'en fais... mais à partir de d'main je n' bouge pas d'ici... j' descends pus, même pour chercher du tabac ! Et j' boirai pus rien pendant... pendant tout l' temps !... Comme l' chameau dans l' désert... pas seulement d' la Wallace... j' me connais... j' serais capable de m' soûler avec !

Mme NICOLLET. — Tu me fais souvent des promesses comme ça!... Et depuis trois jours...

M. NICOLLET. — Trois jours?... V'là trois jours que j' suis bu!... (*Riant.*) Oh! c'te conduite, mon empereur! C'est rigolo, hein! un sac à vin comme ça!... On n'en voit pas des mille et des cent dans les borgeois... Mais ça n' fait rien... parc' que moi, j' suis un honnête homme!... Et j'aime mon Adèle... Allons, mam'zelle Hortense, faisez risette à vot' poulot... i' boira pus... c'est juré!

> (*Mme Lambrequin, très intéressée, fait signe à son mari de s'approcher... Tous deux ont l'oreille à la cloison... Mme Nicollet essuie ses pleurs et regarde son mari en souriant.*)

M. NICOLLET. — Allons!... mieux que ça!... là!... C'est pas trop mal... (*Il dégrafe le corsage de sa femme.*) Et qui va s' mettre au panier avec son poulot chéri?... Qui va faire dodo avec son p'tit nonhomme? C'est Virginie!... C'est Ninie!... C' qu'i' y en a, à c't' heure, des prop' à rien qui sont couchés et qui n' pensent pus à rien... Mais, Narcisse, i' pense à sa p'tite femme. (*Il l'embrasse sur l'épaule... De l'autre côté de la cloison, Mme Lambrequin commence à se déshabiller.*)

Mme LAMBREQUIN (*à M. Lambrequin*). — Déshabille-toi donc... t' as pas envie de passer toute la nuit à les écouter?

M. LAMBREQUIN. — Ça n' m'amuse déjà pas tant!

Mme LAMBREQUIN. — Eh ben! Alors, quoi qu' t' attends?

> (*Mme Nicollet, en jupon, retire la cravate de son mari.*)

M. NICOLLET. — Voui! y en'a des... et des... qu'a soufflé la chandelle et pis qui ronflent... Mais l' Narcisse à sa Ninie il n'est pas comme ça, pas?

Mme NICOLLET. — Veux-tu te taire, gros bête!

> (*M. Nicollet délace le jupon de sa femme... Celle-ci déboutonne le gilet de son mari.*)

Mme LAMBREQUIN (*en jupon, — à son mari*). — Oh ! c' que t'es lambin.

M. NICOLLET. — Et maintenant, au dodo ! (*Il éteint la lampe*

Nuit complète chez les Nicollet.)

Mme LAMBREQUIN. — Tiens !... i' sont couchés !... Malheur ! Faut i' que j' l'aide ?... (*Bruit indéfinissable, comme de ressorts qui grincent, chez les Nicollet.*) Ecoute !

M. LAMBREQUIN.—Trois jours de suite ! J' dirai au propriétaire de faire doubler la cloison.

Mme LAMBREQUIN. — Couche-toi donc au lieu de dire des bêtises !

(*Elle éteint la lampe. — Nuit partout. — Le même bruit indéfinissable persiste chez les Nicollet. — Long silence chez les Lambrequin.)*

LA VOIX DE Mme LAMBREQUIN. — J'ai jamais vu une poule mouillée pus poule mouillée que toi. Ah ! j' comprends qu'à pardonne la p'tite voisine ! si alle changeait et qu'à tombe sur un comme toi !...

LA VOIX DE M. LAMBREQUIN. — Je n'ai rien bu, moi !

(*Nouveau silence. — Brusquement Mme Lambrequin saute à bas du lit, allume la lampe et court au buffet. -- La tête de M. Lambrequin apparaît, effarée, sur l'oreiller.)*

Mme LAMBREQUIN. — Tiens ! prop' à rien, j' te vas payer la goutte !

RIDEAU.

Paul PERRIN.

CHAIR FRAICHE

Les Chants Fantaisistes

ANGOISSE

A Elisita d'Angles.

« Hélas ! » lorsque j'y pense.
Ma main serrant ta main,
Te laissant, tout à coup, s'envola l'espérance :
Et je crus que ce jour serait sans lendemain.

Le regret dans mon être
Tomba, pénible, amer.
Je n'osais même plus me murmurer « Peut-être ! » :
Tel le nocher, jouet d'une orageuse mer.

Ta caresse fut brève,
Ton adieu lacrymal.
Et puis ton souvenir tortura tant mon rêve
Qu'il ne perpétuait plus qu'un horrible mal.

Et c'est depuis cette heure
Que, sans force, abattu,
Le chagrin, ce mortel parfum, en moi se fleure :
Qu'en moi tout chant de paix et de désir s'est tu.

Ah ! mon âme est percée
Jusqu'au fond de mon cœur ;
Et la douleur cruelle au fond de ma pensée,
Triomphante, est entrée en superbe vainqueur.

J'ai senti la tristesse
Envahir mes esprits !
Indolent et pensif, je demeure sans cesse
Devant l'affliction trop tendrement surpris.

J'ai souffert, je le jure ;
Mais, dans un doux émoi,
Je n'ai pu que bénir cette affreuse torture
Qui, malgré l'abandon, parle toujours de toi.

Puis-je espérer encore ?
Et quand viendra ce jour ?
Mes yeux reverront-ils une nouvelle aurore
Auréoler ton cœur d'un renaissant amour ?...

Gabriel **MARTIN**.

Subtile Coïncidence

Emmeline était juive,.... de teint et de tempérament.

Pâle, exquise en son apparence frêle, aux yeux audacieux ; gaie, vibrante, ensoleillée, toute de caprice et de spontanéité : bouton de rose qu'une multicolore phalène n'eût pas désavoué !

Mariée à peine de deux ans à un individu ni vieux ni jeune, ni beau ni laid, ni bon ni mauvais, nuance terne, mais l'aimant bien, Emmeline avec son enthousiaste nature, débordante de passion, s'était adjointe une camarade d'enfance sur qui déverser le trop plein de son cœur.

L'amie, superbe créature, un peu traînante et lourde auprès de ce radieux papillon d'Emmeline, mais ayant l'attraction des formes et la vicieuse perspicacité d'une raison bien assise et sûre d'elle.

Plus en relief, mieux équilibrée, plus femme enfin, elle avait des gestes, des intonations provoquantes, des contours audacieux et.... bien prouvés !.... cette plénitude de chair qui charme les masses.

Léopold vivait donc entre ces deux natures si captieuses et si opposées. Il s'enivrait de la fraîche odeur de sève printanière, éclosion des fleurs de celle-ci et celle-là lui procurait la sensation d'une pleine fenaison.

Et c'était entre eux un feu continu de vives réparties, quolibets, bons mots et jeux d'esprit, et jeux... de toutes sortes.

Emmeline candide provoquait sa compagne à mille folies dont un témoin et acteur : ce bon Léopold. — Elles lui arrivaient à tour de rôle entre les bras et lui, toujours aimablement dispos, soulevait distraitement la svelte et gracieuse Emmeline toute rose d'émoi, ou étreignait sensiblement les troublantes rondeurs de l'amie.

Celle-ci s'abandonnait vague et chercheuse, un peu trop, pourtant? mais, bah! la belle Emmeline était si naïve!

Ils étaient heureux tous trois, j'en réponds! Aucun nuage, aucun soupçon..., il fallut une sottise du hasard, une bizarre coïncidence, pour briser si fragile et si douce communauté d'union.

Et quelle rencontre? Vous allez voir.

Un soir entre autres, plus gais que de coutume, ils arrivaient de voyage. Sur la banquette du wagon, Léopold assis entre elles, chauffé de leurs deux hémisphères, savourait en nabab ce double.

L'une d'un rayonnement de ses yeux hardis, d'un frais éclat de rire, d'un mot piquant et personnel lui vibrait le cœur de jeunesse et d'amour. L'autre le troublait d'un frôle subit, d'une moiteur indéfinie, elle s'avançait. Léopold, serrez-moi donc mieux.

Il sourit à celle-ci..... étreint celle-là.

Un tunnel..... Emmeline tendrement égare dans l'obscurité sa main caressante; horreur!... une autre main déjà errait dans les mêmes parages!... Violente, elle s'en empare et la contient jusqu'au retour de la lumière, malgré les efforts désespérés de sa légitime propriétaire.

Léopold conciliant : — Quoi d'étonnant?..... deux mains amies qui se rencontrent ??.... La jeune femme, subitement froide et hautaine : — Oui, mais pas sur ce terrain-là.....

P.-S. — Mes gentilles, gardez-vous des trop bonnes camarades!!!.....

Georgette LYS.

LES P'TITS TROTTINS

Paroles de F. BAILLIOT. Musique de J. LE B.

I

Quand les trottins ont débuté,
Ell's avaient un air emprunté,
Rentrant chaque soir chez leur mère,
Et quand ell's avaient de l'argent,
Ell's le gardaient bien gentiment,
Pour payer un' blague à leur père.

II

Quand les trottins ont eu seize ans,
Ell's r'gardaient sous l'nez les passants,
Aimant déjà la friandise,
Ell's s'arrêtaient devant Boissier,
Devant Potin ou le pâtissier,
Avec un air de convoitise.

III

Quand les trottins ont eu vingt ans,
Ell's ont pris un ou deux amants.
Leur démarche est pimpante et fière ;
Sans remords lâchant l'atelier
Pour aller au bal gambiller.
Les vieux messieurs suiv'nt par derrière.

IV

Quel était donc sur le boul'vard
Ce prince russe ou ce boyard ?
C'est mon amant, ma bonn', ma chère,
Il m'a meublé superbement
Ru' de Rome un appartement,
Où c'est maman qu'est cuisinière.

V

Quand les trottins sont défraîchis,
Elle's se maquillent de poud' de riz,
Ell's allum'nt le michet prospère,
Pauv' papillons du Moulin-Rouge,
Pendant qu'Alphonse au fond d'un bouge
A la manill' passe à l'enchère.

VI

Parfois l'trottin devenu vieux,
Se marie et devient sérieux
Son époux qui la croyait sage,
Lui fait cadeau, bon an mal an,
D'un p'tit trottin bien sémillant,
De sa mèr' la vivante image.

ELLES

— Ah! chouette... deux mille balles!...
— Tiens, tu comprends... j'y ai fait peur... 'sa fille s'marie d'main...

LA BANLIEUE

Les Parisiens montrent aujourd'hui un goût immodéré pour la campagne. A mesure que Paris s'est agrandi, les arbres ont reculé, et les habitants, sevrés de verdure, ont vécu dans le continuel rêve de posséder, quelque part, un bout de champ à eux.

Les plus pauvres trouvent le moyen d'installer un jardin sur leurs fenêtres; ce sont quelques pots de fleurs qu'une planche retient; des pois de senteur et des haricots d'Espagne montent, font un berceau. On loge ainsi le printemps chez soi, à peu de frais. Et quelle joie, lorsqu'on a des fenêtres ouvrant sur un des rares jardins que la pioche des démolisseurs a épargnés! Mais le plus grand nombre désespère de cette heureuse chance. Le dimanche, la population, qui étouffe, en est réduite à faire plusieurs kilomètres à pied, pour aller voir la campagne, du haut des fortifications.

✳ ✳ ✳

Cette promenade aux fortifications est la promenade classique du peuple ouvrier et des petits bourgeois. Je la trouve attendrissante, car les Parisiens ne sauraient donner une preuve plus grande de leur passion malheureuse pour l'herbe et les vastes horizons.

Ils ont suivi les rues encombrées, ils arrivent éreintés et suants, dans le flot de poussière que leurs pieds soulèvent: et ils s'assoient en famille sur le gazon brûlé du talus, en plein soleil, parfois à l'ombre grêle d'un arbre souffreteux, rongé de chenilles. Derrière eux, Paris gronde, écrasé sous la chaleur de juillet; le chemin de fer de ceinture siffle furieusement, tandis que, dans les terrains vagues, des industries louches empoisonnent l'air. Devant eux, s'étend la zone militaire, nue, déserte, blanche de gravats, à peine égayée de loin en loin par un cabaret en planches. Des usines dressent leurs hautes cheminées de briques, qui coupent le paysage en longs panaches de fumée noire.

Mais, qu'importe! par delà les cheminées, par delà les terrains dévastés, les braves gens aperçoivent les coteaux lointains, des prés qui font des taches vertes, grandes comme des nappes, des arbres nains qui ressemblent aux arbres en papier frisé des ménageries d'enfant; et cela leur suffit, ils sont enchantés, ils regardent la nature, à deux ou trois lieues. Les hommes retirent leurs vestes, les femmes se couchent sur leurs mouchoirs étalés; tous restent là jusqu'au soir, à s'emplir la poitrine du vent qui a passé sur les bois. Puis, quand ils rentrent dans la fournaise des rues, ils disent sans rire : « Nous revenons de la campagne ».

Je ne connais rien de si laid ni de plus sinistre que cette première zone entourant Paris. Toute grande ville se fait ainsi une ceinture de ruines. A mesure que les pavés avancent, la campagne recule, et il y a, entre les rues qui finissent et l'herbe qui commence, une région ravagée, une nature massacrée dont les quartiers nouveaux n'ont pas encore caché les plaies. Ce sont des tas de décombres, des trous à fumier où des tombereaux vident des immondices, des clôtures à demi arrachées, des carrés de jardins maraîchers dont les légumes poussent dans les eaux d'égout, des constructions branlantes, faites de terre et de planches, qu'un coup de pioche enfoncerait. Paris semble ainsi jeter continuellement son écume à ses bords.

On trouve là toute la saleté et tout le crime de la grande ville. L'ordure vient s'y mûrir au soleil. La misère y apporte sa vermine. Quelques beaux arbres restent debout, comme des dieux tranquilles et forts, oubliés dans cette ébauche monstrueuse de cité qui s'indique.

Certains coins sont surtout inquiétants. Je citerai la plaine de Montrouge, d'Arcueil à Vanves. Là s'ouvrent d'anciennes carrières, qui ont bouleversé le sol; et, au-dessus de la plaine nue, des treuils, des roues immenses se dressent sur l'horizon, avec des profils de gibets et de guillotines. Le sol est crayeux, la poussière a mangé l'herbe, on suit des routes défoncées, creusées d'ornières profondes, au milieu des précipices que les eaux de pluie changent en mares saumâtres. Je ne connais pas un horizon plus désolé, d'une mélancolie plus désespérée, à l'heure où le soleil se couche, en allongeant les ombres grêles des treuils.

De l'autre côté de la ville, au nord, il y a aussi des coins de tristesse navrants. Les faubourgs populeux, Montmartre, la Chapelle, la Villette, viennent y mourir, dans un étalage de misère effroyable. Ce n'est pas la plaine nue, la laideur d'un sol ravagé : c'est l'ordure humaine, le grouillement d'une population de meurt-de-faim. Des masures effondrées alignent des bouts de ruelles ; du linge sale pend aux fenêtres : des enfants en guenilles se roulent dans les bourbiers. Seuil épouvantable de Paris, où toutes les boues s'amassent, et sur lequel un étranger s'arrêterait en tremblant.

Je me souviens, étant jeune, d'être arrivé à Paris par les diligences, et d'avoir éprouvé là une des plus cruelles déceptions de ma vie. Je m'attendais à une succession de palais, et, pendant près d'une lieue, la lourde voiture roulait entre des constructions borgnes, des cabarets, des maisons suspectes, toute une bourgade, jetée aux deux bords. Puis, on s'enfonçait dans des rues noires. Paris se montrait plus étranglé et plus sombre que la petite ville qu'on venait de quitter.

❋ ❋ ❋

Si les pauvres gens font leurs délices du fossé des fortifications, les petits employés, même les ouvriers à leur aise, poussent leurs promenades plus loin. Ceux-là vont jusqu'aux premiers bois de la banlieue. Ils gagnent même la vraie campagne, grâce aux nombreux moyens de locomotion dont ils disposent aujourd'hui. Nous sommes loin des coucous de Versailles. Outre

les chemins de fer, il y a les bateaux à vapeur de la Seine, les
omnibus, les tramways, sans compter les fiacres. Le dimanche,
c'est un écrasement : par certains dimanches de soleil, on a cal-
culé que près d'un quart de la population, cinq cent mille per-
sonnes, prenaient d'assaut les voitures et les wagons, et se ré-
pandaient dans la campagne. Des ménages emportent leur dîner
et mangent sur l'herbe. On rencontre des bandes joyeuses, des
couples d'amoureux qui se cachent, des promeneurs isolés, flâ-
nant, une baguette à la main. Derrière chaque buisson, il y a
une société. Le soir, les cabarets flamboient, on entend des rires
monter dans la nuit claire.

. . . .

* * *

Le cri de Paris est un continuel cri de liberté. La ville craque
dans sa ceinture trop étroite ; elle regarde sans cesse à l'horizon,
essoufflée, demandant du soleil et du vent. Son rêve semble être
de changer la plaine en un jardin de plaisance, où elle se promè-
nerait le soir, après sa besogne achevée. C'est une poussée univer-
selle qui va grandissant chaque année, et qui finira par faire de
la banlieue un simple prolongement de nos boulevards, plantés
d'arbres maigres.

Émile ZOLA.

LES DEUX ÉCOLES par Paul Balluriau

ROUBLARD

CHEMIN DE FER DU NORD

—

Services directs entre Paris et Bruxelles

TRAJET EN 5 HEURES

Départs de Paris, à 8 h. 20 du matin, midi 40, 3 h. 50, 6 h. 20 et 11 h. du soir.

Départs de Bruxelles, à 7 h. 13 et 8 h. 57 du matin, midi 58, 6 h. 3 et 11 h. 43 du soir

Wagon-salon et wagon-restaurant aux trains partant de Paris à 6 h. 20 soir et de Bruxelles à 7 h. 13 matin.

Wagon-restaurant aux trains partant de Paris à 8 h. 20 du matin et de Bruxelles à 6 h. 3 du soir.

Services directs entre Paris, l'Allemagne et la Russie.

Cinq express sur Cologne, trajet en 9 h. 1/2.

Départs de Paris à 8 h. 20 du matin, midi 40, 6 h.20, 9 h. 25 et 11 h. du soir.

Départs de Cologne à 9 h. du matin, 1 h. 45 et 11 h. 25 du soir.

Quatre express sur Berlin, trajet en 19 h.

Départs de Paris à 8 h. 20 du matin, midi 40, 9 h. 25 et 11 h. du soir

Départs de Berlin à 1 h. 10, 10 h. 7 et 11 h. 55 du soir.

Trois express sur Francfort-sur-Mein, trajet en 14 h.

Départs de Paris à midi 40, 9 h. 25 et 11 h. du soir.

Départs de Francfort à 8 h. 25 du matin, 5 h. 50 et 11 h. 5 du soir.

Deux express sur Saint-Pétersbourg trajet en 53 h.

Départ de Paris à 8 h. 20 du matin et 9 h. 25 ou 11 h. du soir.

Départ de Saint-Pétersbourg à midi 15 et à 7 h. 45 du soir.

Deux express sur Moscou, trajet en 68 h.

Départ de Paris à 8 h. 20 du matin et 9 h. 25 ou 11 h. du soir.

Départ de Moscou à 10 h. du matin et 10 h. du soir.

CHEMINS DE FER DE

PARIS A LYON & A LA MÉDITERRANÉE

—

NOUVEAUX SERVICES RAPIDES DE

PARIS A LYON

Et de CETTE et LYON à PARIS

en 1re et 2e classe.

Trajets rapides de Paris à Lyon en 8 h. 3/4 — de Cette à Paris en 14 h. 40 — de Lyon à Paris en 8 h. 1/2.

Depuis le 1er juin 1891, la Compagnie P.-L.-M. a inauguré un nouveau service quotidien supplémentaire de deux trains express, le premier de Paris à Lyon et le second de Cette à Lyon et à Paris

Les heures de départ et d'arrivée de ces trains ont été calculées pour la plus grande commodité des voyageurs. De plus, aux heures du dîner (dans le sens de Paris sur Lyon) et du déjeuner (dans le sens de Cette et Lyon sur Paris) il a été prévu un arrêt de 25 minutes environ, à Dijon, pour le repas des voyageurs.

Le train partant de Paris a des correspondances directes, savoir : à Dijon pour Besançon et à Mâcon pour Modane et l'Italie.

Le train partant de Cette reçoit à cette gare les correspondances du réseau du Midi et d'Espagne et à Dijon les correspondances de Belfort et de Besançon.

CHEMIN DE FER

D'ORLÉANS

Voyages dans les Pyrénées

La Compagnie d'Orléans délivre toute l'année des billets d'excursion comprenant les trois itinéraires ci-après, permettant de visiter le centre de la France et les stations thermales et hivernales des Pyrénées et du golfe de Gascogne.

1er ITINÉRAIRE.

Paris, Bordeaux, Arcachon, Mont-de-Marsan, Tarbes, Bagnères-de-Bigorre, Montréjeau, Bagnères-de-Luchon, Pierrefitte-Nestalas, Pau, Bayonne, Bordeaux, Paris.

2e ITINÉRAIRE.

Paris, Bordeaux, Arcachon, Mont-de-Marsan, Tarbes, Pierrefitte-Nestalas, Bagnères-de-Bigorre, Bagnères-de-Luchon, Toulouse, Paris.

3e ITINÉRAIRE.

Paris, Bordeaux, Arcachon, Dax, Bayonne, Pau, Pierrefitte-Nestalas, Bagnères-de-Bigorre, Bagnères-de-Luchon, Toulouse, Paris.

Durée de validité : 30 jours.

Prix des billets :

1re cl., 163 fr. 50. — 2e cl. 122 fr. 50.

La durée de ces différents billets peut être prolongée d'une, deux ou trois périodes de dix jours, moyennant paiement, pour chaque période, d'un supplément de 10 0/0 du prix du billet.

Il est délivré, de toute gare des Compagnies d'Orléans et du Midi, des billets aller et retour de 1re et 2e classe à prix réduits, pour aller rejoindre les itinéraires ci-dessus, ainsi que de tout point de ces itinéraires pour s'en écarter.

AVIS. — Ces billets doivent être demandés au moins trois jours à l'avance.

CHEMINS DE FER
DE L'OUEST
Tirage d'actions et d'obligations

Le conseil d'administration a l'honneur de prévenir MM. les porteurs des actions et des obligations de la Compagnie qu'il sera procédé, en séance publique, le Samedi 4 novembre 1893, à deux heures de l'après-midi, au siège de la Compagnie, à Paris, gare Saint-Lazare (salle des Titres) au tirage au sort :

1o Des 1,452 numéros d'actions, remboursables au pair, à partir du 1er janvier 1894.

2o Des numéros d'obligations :

De l'ancienne Compagnie du chemin de fer de Paris à Rouen (emprunts 1847, 1849 et 1854), remboursables le 1er décembre 1893 ;

De l'ancienne Compagnie du chemin de fer de Rouen au Havre (emprunt 1848), remboursables le 1er janvier 1894 ;

De l'ancienne Compagnie du chemin de fer de Rouen au Havre (emprunts 1845 et 1847), remboursables le 1er mars

Les propriétaires des actions désignées par le tirage au sort pour le remboursement recevront, en numéraire, le capital de leurs actions, et auront droit au dividende jusqu'au jour indiqué pour le remboursement ; il leur sera délivré, en outre, en échange de leurs actions primitives, des actions de jouissance, qui leur donneront droit aux dividendes ultérieurs, déduction faite de l'intérêt statutaire de 17 fr. 50.

CHEMINS DE FER
DE
L'EST
Voyages circulaires, par les lignes de l'Est, en Belgique, en Suisse, en Italie, en Autriche, en Allemagne et en Angleterre.

La Compagnie des chemins de fer de l'Est a organisé une série de voyages circulaires à prix réduits, qui permettent aux touristes de visiter un grand nombre de villes et de sites remarquables en *Belgique* : (vallée de la Meuse, grottes de Han et de Rochefort avec traversée du grand-duché de Luxembourg), en *Suisse* : (Bâle, Lucerne, lac des 4 cantons, Zurich, Coire, l'Engadine, les Alpes (cols du Splugen, du Bernardin et du Lukmanier), lac de Lugano, Saint-Gothard, Ragatz, Schaffhouse, chute du Rhin, lac de Constance ; en *Autriche* : (Vienne, Ischl, le Salzkammergut et l'Arlberg) ; en *Allemagne* : (Munich, Nuremberg, Stuttgart, Heidelberg, Baden-Baden, Francfort-sur-le-Mein, Mayence et les bords du Rhin) ; en *Angleterre* (Douvres-Londres).

Pour les prix, conditions et itinéraires ainsi que pour la délivrance des billets et leur durée de validité, consulter le livret spécial des voyages circulaires établi par la Compagnie des chemins de fer de l'Est et mis à la disposition du public dans sa gare de Paris et les bureaux succursales.

Imprimerie du *Fin de Siècle*, 10. faubourg Montmartre. Paris.

Fin de Siècle

GRAND JOURNAL LITTÉRAIRE ILLUSTRÉ

Paraissant le Jeudi et le Dimanche

LE NUMÉRO : 10 CENTIMES

Bureaux : 59, rue de Provence, Paris